DR JULIEN PIOGER

Pierre LEROUX

Socialiste

PRIX : 15 CENTIMES

PARIS

LIBRAIRIE DE LA
REVUE SOCIALISTE
78, Passage Choiseul

V. GIARD ET E. BRIÈRE
ÉDITEURS
16, rue Soufflot

Dr JULIEN PIOGER

Pierre LEROUX

Socialiste

PRIX : **15** CENTIMES

PARIS

LIBRAIRIE DE LA
REVUE SOCIALISTE
78, Passage Choiseul

V. GIARD ET E. BRIERE
ÉDITEURS
16, rue Soufflot

Ouvrages du Dr Julien PIOGER

1° *Le Monde physique*, essai de conception expérimentale, bibl. philos. contemp. ALCAN, 1892, in-18.

2° *La Vie et la Pensée*. 1893, in-8°.

3° *La Vie Sociale, la Morale et le Progrès*. 1894, in-8°.

4° *La Question Sanitaire envisagée dans ses rapports avec les droits et les intérêts de l'individu et de la Société*. Petite encyclopédie sociale, économique financière, GIARD et BRIÈRE, in-18, 1895.

Pierre LEROUX, socialiste (1)

Dans la préface de son *Traité de l'Égalité*, Pierre Leroux, dont on a pu dire que son cœur battait à l'unisson du cœur de l'humanité, a nettement indiqué lui-même l'orientation toute humanitaire de son activité et l'idéal de solidarité qui fut sa grande pensée.

« Solon, dit-il, voulait que, dans les discordes civiles, chaque citoyen se prononçât ouvertement pour un parti. S'il faut suivre la loi de Solon, dans la discorde actuelle du genre humain, j'écris pour les esclaves contre les maîtres, pour les faibles contre les forts, pour les pauvres contre les riches, pour tout ce qui souffre sur la terre contre tout ce qui, profitant de l'inégalité actuelle, abuse des dons du Créateur.

« Il est bien vrai que l'humanité gémit dans tous ses enfants. Mais cette douleur universelle, bien qu'indivise dans son essence, à cause de la solidarité humaine, se traduit par des oppresseurs et des opprimés. Je veux montrer d'où

---

(1) La ville de Boussac a voté dernièrement d'élever un monument à Pierre Leroux pour célébrer le centenaire de sa naissance. La famille et les disciples du philosophe se proposent de commencer prochainement une réimpression de ses œuvres. Adresser les souscriptions au monument à M. Joseph Gomet, conseiller municipal, secrétaire du comité, à Boussac (Creuse), et toutes communications relatives à la publication des œuvres de Pierre Leroux, à M. Louis-Pierre Leroux, 5, rue de l'Assomption, Paris.

vient cet affreux spectacle d'une partie du genre humain crucifiée par l'autre, et comment se prolonge indéfiniment dans la race d'Adam le meurtre d'Abel par son frère Caïn.

« Je porte mes yeux sur les heureux de la terre. Plus de caste guerrière, plus de caste théocratique. Avec la croyance au ciel les prêtres sont tombés. Mais qui les remplace ? Jésus chassait les marchands du temple. Le comptoir a aussi remplacé la lice. Je vois des hommes de lucre et de propriété qui luttent avec acharnement les uns contre les autres, spéculent sur leur ruine mutuelle, exploitent les misérables qui, sous le nom de prolétaires, ont succédé aux esclaves et aux serfs, et se livrent solitairement à leurs passions. Pourquoi veut-on que je les honore ? Ne serais-je pas exposé cent fois pour une à honorer la fraude, l'avarice et la cupidité ? Et pourquoi, d'ailleurs, les honorer ? Ils n'ont travaillé que pour eux. Les puissants d'aujourd'hui ne travaillent et sont autorisés à ne travailler que pour eux. » (*Discours*, p. 28.)

Voilà bien la question posée dans toute son ampleur : le mal provient de l'orientation individualiste de l'activité, c'est-à-dire d'une fausse conception de la vie et du caractère individualiste de la législation, c'est-à-dire de la mauvaise organisation politique. Aussi est-ce pour réagir contre cet *individualisme* qu'il invente le mot *socialisme*. « C'est moi, dit-il, dans la *Grève de Samarez*, p. 255, qui, le premier, me suis servi du mot *socialisme*. C'était un néologisme alors, un néologisme nécessaire pour faire opposition à l'*individualisme*. » Ce ne fut point là un mot créé au hasard, car il en sut préciser et déterminer le sens dans sa doctrine de la *solidarité*. C'est ainsi que se trouva caractérisée l'idée que la force sociale, que le progrès, que la justice n'ont point d'autre fondement que la dépendance mutuelle des hommes entre eux. C'est la gloire de Pierre Leroux d'avoir su mettre en lumière cette grande et profonde vérité avant que les travaux de nos grands savants modernes ne l'eussent scientifiquement démontrée.

Son œuvre est trop touffue pour qu'on puisse songer à l'exposer en une simple notice. De plus, pour en comprendre toute la portée, il faudrait pouvoir se reporter à la disposition des esprits à l'époque où il écrivait. Un de ses collaborateurs à son journal le *Globe* le comparait à Leibnitz, disant que, comme ce dernier, il pouvait *traiter toutes sortes de sujets*. Profondément érudit, nourri d'une connaissance surprenante des littératures de l'antiquité, hébraïque, grecque, latine, causeur admirable, il fut un semeur d'idées à profusion, au point qu'on peut dire qu'exposer l'œuvre de ce penseur ce serait raconter l'histoire philosophique de ce siècle. Sainte-Beuve, un des fidèles habitués de la salle de rédaction du *Globe*, ne cessait de répéter : « Pierre Leroux !... mais il a toujours des idées nouvelles ! C'est *ma vache à lait !* il m'a encore donné ce soir le sujet d'un article. » Comme dit justement Théodore de Banville, il a créé et porté laborieusement tout « un monde de pensées ». « Laissez ! disait-il, une idée n'appartient à personne ; nous ne sommes pas comme les poètes ; nous ne faisons pas de l'art pour l'art. Si un homme possède une force de cerveau suffisante pour émettre une idée nouvelle, une de ces idées qui remuent ensuite le monde, qu'*importe son individualité* ! »

Une idée qui remue le monde, n'est-ce pas le sort de son idée *socialiste ?*

Rendons-lui donc justice à ce philosophe de la *bonté*, de la *solidarité*, de la justice *sociale*. Nul n'a mieux incarné en lui l'*humanitarisme*. C'est lui qui a jeté dans le monde des esprits, ou du moins qui a donné leur sens nouveau et leur popularité pleine d'avenir à la *solidarité*, à l'*idée sociale*.

Sans doute, ses ouvrages sont fortement empreints de l'esprit de son temps ; nous avons de la peine, à notre époque, à le suivre dans ses dissertations religieuses ; on ne trouve point chez lui les affirmations catégoriques, les intolérances doctrinaires de nos orthodoxes contemporains. Mais ce n'est point une raison pour méconnaître les services incalculables qu'il a rendus à la cause des déshérités, ni pour oublier que nul ne fut plus constamment préoccupé des besoins, des souffrances, des déceptions que subit le peuple et des maux sans nombre qui accablent cet éternel martyr.

« Mon but, dit-il, est de faire jouir tous les membres de la société, chacun suivant ses besoins, sa capacité et ses œuvres, du résultat du travail commun, que ce travail soit une idée, une œuvre d'art ou une production matérielle. »

C'est la solidarité dans le travail.

« Encore une fois, dit-il, ce qui produit, ce qui mérite, c'est bien le travail, mais ce n'est pas le travail individuel, c'est indivisiblement le travail de tous et de chacun : en sorte que c'est le travail uni à l'association humaine, ou plutôt encore l'association humaine manifestée par l'individu, par le travail individuel fonctionnant légitimement. »

Par là Pierre Leroux semble bien indiquer qu'il a compris le rôle social ou plutôt le rôle socialisant du travail, Ainsi envisagé, le travail, en effet, n'est plus simplement une manifestation de l'activité humaine à titre individuel, mais une fonction sociale des individus à titre de parties intégrantes de l'organisme social.

Pour lui, en effet, la société n'est pas seulement une agglomération d'individus, elle est un tout, un ensemble, dont toutes les parties sont solidaires. Rappelant la définition de la vie par Hippocrate, que « dans la vie tout concourt, tout consent », il trouve que « c'est une des plus profondes définitions qu'on ait encore données de la vie ; elle s'applique, dit-il, aussi bien à la vie collective ou sociale qu'à la vie organique de l'individu ; elle est vraie de l'être métaphysique *société*, comme de l'être physiologique qu'on appelle animal, elle est vraie, en un mot, que vous considériez une plante, un animal, une œuvre d'art, une machine, une société ou l'univers. » (*Discours* I, p. 97.)

Ce qui fait la vie, c'est l'unité, c'est la solidarité des organes ou des membres. « Quelle est la vie d'un membre séparé du corps, et ayant perdu les relations où il était dans la vie générale du corps ? C'est de pourrir, de se décomposer, pour passer ensuite, par ses éléments, dans de nouveaux corps...

« Et de même, séparés et ayant perdu leurs connexions qui constituaient le corps social, quelle est la vie *à part* de la politique, de l'art, de la science, de l'industrie ?

« L'industrie produit la richesse ; mais la richesse mal distribuée engendre tous les vices et toutes les misères. La science amasse une immense érudition de faits, découvre d'importantes vérités ; mais la science, absorbée dans les détails et privée de la vue de l'ensemble, devient la plus aveugle des cécités, et la science, sans la charité, produit tous les doutes et toutes les misères morales. L'art, c'est-à-dire le sentiment, ne voyant autour de lui que cette décomposition du corps social, tombe dans le spleen et l'athéisme, ou revient aux conceptions du passé, et produit mille monstres semblables aux rêves du malade que la fièvre dévore dans une crise terrible... qui va le sauver.

« Quant à la politique, elle est nulle évidemment, puisque sa fonction était de présider à cette unité qui n'existe plus, puisque c'était elle qui établissait dans la réalité vivante ces relations, ce concours qui ne sont plus. Elle se réduit donc, pour les hommes que l'on appelle encore gouvernants à de telles époques, et qui n'ont pas le sens de la restauration de la société, à je ne sais quelle agitation égoïste, qui n'a d'autre mobile que leur intérêt ou leur vanité. Et néanmoins, quoique alors la politique soit bien véritablement nulle et complètement anéantie, à tel point même que son essence est niée et que son idée est tout à fait obscurcie pour tous, il arrive cependant que toutes les douleurs que la société ressent dirigent presque exclusivement son attention de ce côté ; et, chose singulière, mais évidemment nécessaire, jamais on ne s'occupe tant de la politique que lorsque la politique est anéantie.

« Toute cette fermentation de la mort pour engendrer la vie, toute cette agitation inquiète et sombre, hagarde et comme insensée, qui a lieu à ces époques, principalement dans la sphère des idées politiques et dans l'art, peut tromper celui qui n'y regarde pas de près ; il peut prendre les phénomènes qui se passent sous ses yeux pour de la vie, son époque pour une époque semblable aux périodes antérieures. Mais celui qui contemple activement n'en prononce pas moins que c'est la mort du corps social et sait, en même temps, que ces phénomènes sont nécessaires pour former l'unité nouvelle.

« On répète tous les jours que les sociétés ne meurent pas ou ne meurent plus, par opposition aux petites sociétés de l'antiquité. Autant vaudrait dire que rien ne meurt, puisqu'en effet les éléments ne meurent pas. Certes, les générations ne s'éteignent pas sans se reproduire. L'erreur vient de ce qu'on ne considère pas ce qu'il faut entendre par société. La société, ce ne sont pas les hommes, les individus qui composent un peuple ; c'est la relation générale de ces hommes entre eux, c'est cet être métaphysique, harmonieuse unité formée par la science, l'art et la politique, qui est la société ; et c'est cet être qui *meurt*. Alors tout ce qui était fonction de vie, tout ce qui concourait et consentait, devient fonction de décomposition et de mort. » (*Discours aux philosophes*, p. 97-101.)

N'est-ce pas là une belle et complète conception de la vie sociale et de sa loi fondamentale, la solidarité des membres composant une société, qui est aussi nécessaire à la prospérité de cette société que l'unification harmonieuse des fonctions diverses d'un organisme vivant l'est à la vitalité de cet organisme ? Nul, mieux que Pierre Leroux, n'a fait ressortir l'utilité, la nécessité de l'accord entre les hommes, de l'amour de ses semblables, de la fraternité et de l'égalité pour le bonheur et la prospérité des nations et de l'humanité tout entière. Fils et disciple de notre grande Révolution, il ne s'est point enfermé dans le cercle trop étroit du nationalisme, il a étendu sa sollicitude à tout le genre humain. C'est là, d'ailleurs, qu'il faut voir l'explication du caractère religieux qu'on a reproché à sa doctrine. Passant au-dessus des particularismes religieux, comme au-dessus des particularismes nationaux ou politiques, il ne voit et ne veut voir que l'humanité tout entière : « Je traite de l'humanité, dit-il dans sa préface de son *Traité de l'humanité*. Je détruis, par le raisonnement, les idées fantastiques qu'on s'est faites du ciel, et je cherche à montrer où est vraiment le ciel. Ce que je cherche c'est la conciliation entre la philosophie moderne et les anciennes religions. Il faudra bien à la fin que les plus aveugles sachent où est la vraie religion, quand nous aurons prouvé, (ce que, pour ma part, j'essaie de faire en ce livre) que christianisme, mosaïsme, toutes les religions positives, se résument en ce grand mot *Humanité*. »

Encore une fois, pour comprendre la pensée, l'œuvre de Pierre Leroux, il ne faut pas le juger sur des mots et avec nos idées du jour, il faut chercher à s'élever à la hauteur de son esprit, qui savait envisager les choses dans leur ensemble et cherchait, comme il le dit lui-même, « à retrouver sous des formes éphémères, transitoires, caduques et irrémissiblement tombées aujourd'hui, l'esprit des anciennes religions. » Ce qu'il veut montrer, c'est l'évolution des croyances, c'est l'idée moderne en germe dans l'antiquité, l'Évangile dans la Genèse, la Révolution dans l'Évangile. « Retrouver les titres de la doctrine moderne de liberté, d'égalité et de fraternité, dans la profondeur des traditions, c'est, croit-il, donner plus d'autorité à cette doctrine. » Pour juger cette opinion, il ne faut pas oublier qu'il a vécu et qu'il écrivait à une période de réaction religieuse et philosophique. C'est ainsi qu'il fut amené à quitter la *Revue des deux Mondes*, parce qu'elle était en train de se transformer en un organe officieux du gouvernement et de l'orthodoxie, pour fonder, avec Viardot et George Sand, la *Revue indépendante*, où il se fit remarquer par la vivacité de ses attaques contre la religion catholique et contre l'éclectisme universitaire (1841).

Son indépendance, son culte de la vérité lui valurent de terribles inimitiés, parmi lesquelles celles de Cousin et Proudhon. Il fut en butte aux plaisanteries des petits journaux et aux quolibets des réactionnaires. Sa supériorité lui valut surtout d'être incompris et de prêter le flanc à l'attaque de ses adversaires. C'est ainsi qu'il fut plus célèbre par la caricature que par la valeur très réelle de son œuvre. Toutefois, le soin, l'acharnement qu'on a mis à faire disparaître ses œuvres témoignent suffisamment de la crainte qu'il inspira à ses ennemis, les réactionnaires et les rétrogrades de toutes les écoles et de tous les partis.

C'est que ce *philosophe de la bonté* fut un grand *révolutionnaire*. Pour lui, la religion, c'est l'idée, c'est la conception commune que les hommes d'une civilisation se font de *leur propre vie et des choses de l'univers*. L'antiquité a vécu des mythes et de l'esclavage, des inégalités de *familles*, de *castes*, de *patrie* et de *propriété* : « L'homme *nouveau*, que chacun de nous sent en lui-même, va s'affranchir ; nous nous sentons entraînés vers la *cité future*, nous voudrions pénétrer dans l'avenir ; mais, pour franchir ce passage, notre esprit a besoin de deux choses :

« 1° Il a besoin d'embrasser, par un retour rapide et sous une seule et indubitable formule, la vie antérieure de l'humanité ;

« 2° Mais une pareille formule n'est pas tout. L'âme peut être éclairée par l'étude du passé et du présent, au point de concevoir une certaine loi de progrès qui lui fait pressentir l'avenir ; mais il n'en résulte pas pour l'âme qu'elle aime à marcher vers cet avenir. Car l'âme s'interroge sur elle-même et se demande quel rapport il y a entre elle et cet avenir de l'humanité qu'elle pressent, si cet avenir est lié à son propre avenir. L'âme, comme Archimède, demande un point fixe. » Ce point fixe, c'est la croyance commune, c'est le sentiment de la solidarité, c'est la foi dans la perfectibilité humaine, et c'est tout cela que Pierre Leroux appelle la *religion* humanitaire.

Ne l'oublions pas, ce dogme de la perfectibilité humaine, cette religion de la solidarité que nous prêche Pierre Leroux, c'est, au fond, la doctrine de l'Évolution et de l'hérédité biologique, c'est-à-dire la doctrine scientifique entrevue, défendue et proclamée par ce profond penseur avant les découvertes scientifiques dans le domaine de la biologie, c'est-à-dire avant la possibilité de sa démonstration. Qu'on ne s'y trompe, pas en effet, il a eu une intuition vraiment remarquable de la situation des esprits de son temps, de la caractéristique de notre civilisation dans un individualisme aveugle, de l'avènement prochain d'un monde nouveau :

« Nous sommes entre deux mondes, dit-il, un monde d'inégalité qui finit et un monde d'égalité qui commence.

« Par quelle fatalité se peut-il que la société ne repose que sur la lutte et l'égoïsme, qu'elle fasse une loi à chacun de ne songer qu'à lui-même, que le malheur de l'un soit exploité avidement par l'autre, que les riches y vivent somptueusement de la faim des misérables, que les méchants y dominent sur les bons, que les plus généreux ne puissent la plupart du temps enrichir et avancer l'humanité qu'au prix de leurs souffrances, que les sages soient gouvernés par les insensés, qu'un sexe tout entier soit encore tenu dans l'abaissement, et qu'il y ait encore, sous une apparence de liberté, une multitude innombrable d'esclaves ? » *Discours*, I, p. 76.)

« La terre est changée ou plutôt bouleversée, car l'*inégalité* suivant la naissance n'est plus consentie. Ecoutez ce que disent vos livres, vos constitutions : « Le préjugé des race est aboli ; plus de noblesse, plus « de privilèges héréditaire ; tous les hommes sont égaux. » Voilà la clameur universelle. Mais montrez-moi cette égalité réalisée sur la terre. Ne voyez-vous pas que le fait est en opposition avec le droit et que l'ordre ne sera rétabli que lorsque le fait marchera d'accord avec le droit ou s'acheminera pour le rejoindre. « (*Discours*, I, p. 24.)

Nest-ce pas là une vision profonde de la nature et du rôle social du *droit* dans la société qui vient sous la poussée irrésistible du développement et du perfectionnement de la conscience que chacun prend de ses besoins, de ses forces et de ses droits au banquet de la nature ?

« Voilà bientôt trois siècles, dit-il, que les métaphysiciens, philosophes, moralistes, politiques ou autres, discutent sur ce qu'on pourrait appeler l'homme sans humanité : *Prolem sine matre creatam.*

« Ce qui est réellement, ce qui vit, ce qui existe, c'est l'homme en société avec l'homme (p. 104).

« L'homme n'est pas seulement un animal sociable, comme disaient les anciens ; l'homme est encore un animal perfectible. L'homme vit en société, ne vit qu'en société, et, de plus, cette société est perfectible, et l'homme se perfectionne dans cette société perfectionnée. Voilà la grande découverte moderne, voilà la suprême vérité de la philosophie (p. 115).

« Vous cherchez le bonheur. Mais dans votre recherche de bonheur, vous rencontrez les autres hommes occupés de la même recherche, chacun à son point de vue. Comment allez-vous, dans votre appétit de bonheur, vous traiter les uns les autres ? Serez-vous des frères ou des ennemis ?

« Vainement vous ne voudriez voir dans la vie que ce que vous appelez votre bonheur individuel, votre intérêt, votre égoïsme, vos passions.

« La vie de l'homme et de chaque homme est attachée à une communication incessante avec ses semblables et avec l'univers. Ce qu'il nomme sa vie ne lui appartient pas tout entière, et n'est pas en lui seulement ; elle est en lui et hors de lui ; elle réside en partie, et pour ainsi dire par indivis, dans ses semblables et dans le monde qui l'entoure.

« De là, entre l'homme et ses semblables, entre l'homme et l'univers, deux relations qui donnent lieu au bien et au mal. L'homme se met en communication et en société avec ses semblables, c'est la paix ; ou bien il veut violemment les asservir à ses besoins, et c'est la guerre. » (*De l'Humanité*, p. 128.)

« La famille, la patrie, la propriété sont les trois modes nécessaires de la communion de l'homme avec ses semblables et avec la nature.

« Il est de toute certitude que l'individualité de chaque homme disparaît, si l'on anéantit l'idée de cet homme en tant qu'ayant une famille, une patrie, une propriété.

« Mais ces trois choses, qui sont excellentes en elles-mêmes, et nécessaires, peuvent, par leur excès, devenir mauvaises. La famille, la patrie, la propriété, peuvent absorber l'homme. L'homme peut devenir l'esclave de sa naissance, de son pays, de sa propriété.

« L'homme, en effet, jusqu'à présent, a été esclave simultanément de ces trois choses, et, suivant les époques, il a été successivement asservi, d'une manière prédominante, soit à la famille, soit à la nation, soit à la propriété ; il n'a pas encore été véritablement homme. Il deviendra homme sans cesser pour cela d'avoir une famille, une nation, une propriété.

« Que la famille, que la nation, que la propriété soient telles que l'homme puisse se développer et progresser dans leur sein sans être opprimé.

« *Voilà le programme de l'avenir.* » (*De l'Humanité*, p. 140.)

Mais résumons d'abord le passé, ou plutôt prouvons sans détour que le *passé est le mal*, et qu'il est le mal uniquement parce que ni la famille, ni la nation, ni la propriété n'y furent organisées de façon que l'homme pût se développer et progresser librement au sein de cette famille, de cette cité, de cette propriété. Quand nous aurons découvert d'où est venu le mal passé, quand nous aurons établi ce qu'on pourrait appeler la loi du bien et du mal, soyons sûrs que l'histoire ne nous manquera pas, et confirmera une loi fondée sur la nature même des choses.

« Il y a trois manières de détruire la communion de l'homme avec ses semblables et avec l'univers.

« La première, c'est de diviser les hommes dans le temps, c'est-à-dire de ne reconnaître à chacun pour ancêtres que ses ancêtres naturels, de nier toute réversibilité d'une famille sur une autre, d'établir au contraire, une absolue réversibilité dans chaque famille, de rattacher tout à la naissance, de subordonner le fils au père qui l'a engendré et de faire de l'homme un *héritier*.

« La seconde, c'est de diviser les hommes dans l'espace, de composer des agrégations d'hommes, non seulement distinctes entre elles, mais hostiles les unes aux autres, sous le nom de *nations*, de subordonner l'homme à la nation, de faire de l'homme un *sujet*.

« La troisième, c'est de diviser la terre ou en général les instruments de production, et d'attacher les hommes aux choses, de subordonner l'homme à la propriété, de faire de l'homme un *propriétaire*.

« Il n'y a que ces trois manières de diviser le genre humain et d'asservir l'homme.

« Si la famille, la cité, la propriété ont jusqu'ici engendré tant de maux, et si l'homme y a trouvé de si lourdes chaînes, ce n'est pas, encore une fois, que ces choses soient mauvaise en elles-mêmes, ni que la nature humaine soit mauvaises; mais c'est que ces choses, au lieu d'être organisées de façon à servir à la communion de l'homme avec ses semblables et avec l'univers, ont été, au contraire, tournées contre cette communion de l'homme avec ses semblables et avec l'univers, c'est-à-dire contre le droit de l'homme et contre ses besoins.

« La vraie loi de l'humanité c'est que l'homme individu tend, par la famille, la patrie et la propriété, à une communion complète, soit directe, soit indirecte, avec tous ses semblables et avec l'univers, et qu'en bornant à une partie plus ou moins restreinte cette communion par la famille, par la cité, par la propriété, il en résulte nécessairement une imperfection et un mal. La famille est un bien, la famille caste est un mal; la patrie est un bien, la patrie caste est un mal; la propriété est un bien, la propriété caste est un mal.

« La famille, la patrie, la propriété sont légitimes et de droit, à la condition d'être organisées, non pas en vue seulement d'elles-mêmes, mais en vue de l'humanité.

« L'homme cesse d'être isolé, d'avoir une famille, une patrie, une propriété isolée ; il est en communion avec tous les autres hommes, recevant d'eux et leur donnant, les ayant tous pour objet et étant à tous leur objet, soit directement soit indirectement. »

Si nous traduisons en langage actuel ces grandes idées de Pierre Leroux, il ne nous sera pas difficile d'y trouver les aspirations et les revendications fondamentales du socialisme contemporain ; orientation sociale de la pensée humaine par la doctrine de la solidarité humaine en opposition aux dogmes religieux et politiques d'antan ; guerre aux inégalités et privilèges de castes, de famille et de propriété, suppression de l'héritage qui est la source principale de la ploutocratie, collectivisation de la propriété foncière et des moyens de production, émancipation de la femme, association et non lutte pour la vie, en un mot, *organisation sociale*, basée sur la solidarité, se substituant à l'organisation politique. Nous pouvons donc proclamer bien haut que Pierre Leroux ne fut pas seulement l'inventeur du mot *socialisme*, mais qu'il fut bien lui-même un vrai et bon socialiste.

DOCTEUR JULIEN PIOGER.

Saint-Amand (Cher), Imprimerie DESTENAY, BUSSIÈRE frères.

SUITE DE L'EXTRAIT DU CATALOGUE
DE LA LIBRAIRIE DE LA *Revue Socialiste*

	Paris	Par poste
Maurice BARRÈS. **Assainissement et Fédéralisme**	0 20	0 25
BÉNÉDICT (Benoît Malon). **Le Catholicisme social**	0 20	0 25
H. BRISSAC et A. NAQUET. **Pour et contre le Collectivisme.**	0 25	0 35
H. BRISSAC. **Résumé populaire du Socialisme**	0 20	0 25
— **La Société collectiviste**	0 50	0 60
— **Travail et Prolétariat**	0 05	0 10
— **Leurs arguments anticollectivistes**	0 15	0 20
Maurice CHARNAY. **Législation directe et Parlementarisme**	0 20	0 25
Auguste CHIRAC. **L'Agiotage de 1870 à 1886**	1 »	1 50
— **De la Vénalité dans le Journalisme.**	0 25	0 35
César DE PAEPE. **Les Services publics**, précédés de deux essais sur le Collectivisme (Notice biographique par B. Malon)	1f 50	1 80
J.-B. DUMAY, député, ouvrier mécanicien, ancien maire du Creusot. **Un Fief capitaliste** (Le Creusot)	0 10	0 15
ENGELS. **Socialisme utopique et Socialisme scientifique**, traduit par PAUL LAFARGUE	0 50	0 60
Charles GIDE. **L'Avenir de la Coopération**, conférence.	0 10	0 15
J. GORSAS. **Mirabeau**	0 05	0 10
— **Danton**	0 05	0 10
JULES GUESDE. **Le Problème et la Solution. Les huit heures à la Chambre**	0 10	0 15
Jean GUETTRÉ. **Le Parti socialiste et la Question agricole**, préface de A. VEBER	0 25	0 35
A. HERZEN. **Le Peuple Russe et son Gouvernement**	0 25	0 35
Clovis HUGUES. **Le Mauvais Larron** (vision dramatique)	0 30	0 40
ISSAURAT. **L'Education d'un Géant** (Études sur Rabelais).	0 20	0 25
LAFARGUE. **Le Droit à la Paresse**	0 25	0 35
— **Programme agricole du parti ouvrier français**	0 10	0 15
MIJOUL. **Le Familistère de Guise**	0 05	0 10
Dr Julien PIOGER. **Pierre Leroux socialiste**	0 15	0 20
Gustave ROUANET. **La Question monétaire**	0 10	0 15
A. TABARANT. **Petit Catéchisme du Socialisme.**	0 10	0 15
— **Catéchisme du Paysan**	0 10	0 15
Gustave TRIDON, ancien membre de la Commune. **La Force.**	0 20	0 25
Émile VAYRIN. **La Pâque Socialiste**	0 50	0 60

BROCHURES DE PROPAGANDE
ÉDITÉES PAR LE PARTI SOCIALISTE BELGE

Louis BERTRAND. **Aux Paysans**	0 05
— **Droit à la Vie.**	0 05
— **Qu'est-ce que le Socialisme ?**	0 05
— **Le Socialisme communal**	0 10
Maurice HAMBURSIN. **Le Catéchisme du Campagnard**	0 05
LÉO. **La Propriété et le Socialisme** (Première partie)	0 05
— **La Propriété et le Socialisme** (Deuxième partie)	0 05
RIENZI. **Le Paradis Terrestre**	0 05
Émile VANDERVELDE. **Le Collectivisme** (Première partie)	0 05
— **Le Collectivisme** (Deuxième partie)	0 05
— **Lettre Collectiviste**	0 05
— **Le Socialisme agricole**	0 05
— **Vive la Commune !**	0 05

N.-B. — *Ajouter pour l'affranchissement des ouvrages du Parti socialiste belge, 5 centimes pour quatre brochures ou fraction de quatre.*

SAINT-AMAND (CHER). — IMP. DESTENAY, BUSSIÈRE FRÈRES

www.ingramcontent.com/pod-product-compliance
Lightning Source LLC
LaVergne TN
LVHW020458230826
846091LV00008BA/3268